ISBN-10: 1546379215
ISBN-13 : 978-1546379218

Prix de vente : 9,99 euros TTC

Dépôt légal : mai 2017

Impression à la demande

Immobilier : Réussir son premier achat et faire des économies

Les étapes, les interlocuteurs, le vocabulaire, les astuces, les erreurs à éviter

Thomas Person

Sommaire

Introduction

J'ai souhaité écrire ce livre car, dans notre vie, nous sommes quasiment tous amenés à envisager d'acheter notre résidence principale. Cette étape, très importante, ne nous a pourtant jamais été enseignée à l'école.

Alors, le moment venu, nous demandons à la famille, aux amis, aux collègues comment ils ont acheté, quel est leur notaire, nous allons voir sur Internet... Nous découvrons l'univers des notaires, des banquiers, des agents immobiliers, chacun avec son vocabulaire. Cet apprentissage se faisant généralement après avoir trouvé la maison (ou l'appartement) de nos rêves, nous avons peu de temps pour bien comprendre les responsabilités de chaque interlocuteur (y compris les nôtres) et il est difficile de savoir si chacun fait bien son travail.

Le manque de temps et la connaissance partielle de tout le processus génèrent souvent du stress et de l'anxiété, le moindre contre-temps peut être vécu comme une catastrophe.

Ayant été confronté à cette situation, j'ai décidé d'écrire ce livre et d'y partager tout ce que j'ai appris, que ce soit via mes expériences ou les nombreuses lectures et sites web que j'ai lus. Aujourd'hui, je sais exactement comment se déroule un achat immobilier. Pour chaque étape, je vais vous détailler ce que doivent faire vos interlocuteurs, ce qu'ils attendent de vous et bien sûr les erreurs à ne pas commettre. Je vais aussi vous dévoiler des trucs et astuces pour négocier avec le vendeur, diminuer les frais de notaire, réduire le coût de votre prêt immobilier... avec au final, des économies conséquentes.

Si vous avez acheté ce livre, c'est que le sujet vous intéresse, vous allez donc sûrement y retrouver des aspects que vous connaissez déjà, toutefois, je suis sûr que vous en apprendrez de nouveaux. Mon objectif a été de faire un guide complet et exhaustif, directement utilisable par tous, y compris par le parfait débutant que nous avons tous été.

Bonne lecture !

Comment trouver et négocier votre futur bien

1. Objectifs de ce chapitre

Dans ce chapitre, vous allez apprendre :

- Comment connaître votre budget pour l'achat de votre logement

- Comment connaître les prix du marché et identifier les bonnes affaires

- Ce qu'il faut regarder et vérifier lors d'une visite

- Comment négocier avec le vendeur

- Comment faire une offre

2. Connaître votre budget

Avant de parcourir les annonces et même d'aller visiter des biens, vous devez savoir quel est votre budget. Autrement dit, quel est le montant maximum que vous pouvez payer pour l'achat de votre bien.

Pour acheter votre bien, sauf si vous avez gagné au loto ou si votre oncle d'Amérique vient de vous léguer un bel héritage, vous allez faire comme la majorité des français : emprunter de l'argent à la banque.

Vous aurez peut-être un peu d'épargne à ajouter au prêt (attention à garder de l'épargne pour les frais de notaire et les éventuels travaux, j'y reviendrai plus loin). Votre budget sera alors la somme de votre apport (l'épargne que vous avez pour l'achat du bien) et du montant du prêt immobilier que vous allez contracter.

Comme vous l'avez sûrement déjà entendu, les banques ne vous prêteront pas au-delà de 33 % d'endettement.

Par exemple :

Si vous gagnez 2 000 euros net par mois, vous ne pourrez pas rembourser plus de 33 % de 2 000 euros, soit 666 euros par mois.

Si vous êtes payé sur 13 mois ou plus ou si vous avez des primes à certains mois, il faudra que vous calculiez votre revenu mensuel net moyen, c'est sur cette base que le banquier calculera votre taux d'endettement. Ainsi, si vous êtes payé 2000 euros net sur 13 mois et qu'en avril, vous avez une prime d'intéressement qui fluctue autour de 1000 euros, votre revenu mensuel net moyen sera :

$(13 \times 2000 + 1000) / 12 = 2\ 250$ euros net

et donc votre capacité de remboursement mensuelle sera de 33 % de 2 250 euros, soit 750 euros.

Par ailleurs, pour calculer votre capacité de remboursement mensuelle, **le banquier prendra en compte tous les prêts que vous avez contractés**. Autrement dit, si vous avez d'autres prêts en cours (prêt à la consommation, pour votre voiture...) ou si vous comptez profiter d'un prêt d'accession à la propriété de votre employeur, le banquier en tiendra compte.

En reprenant notre exemple, si votre revenu mensuel moyen est de 2250 euros (avec, donc, une capacité de remboursement de 750 euros par mois), et si chaque mois, vous remboursez 250 euros pour votre voiture, alors, la mensualité maximale possible pour votre futur prêt immobilier sera de $750 - 250 = 500$ euros. Au contraire, si vous n'avez aucun prêt, la mensualité maximale possible pour votre futur prêt immobilier sera de 750 euros.

Connaissant la mensualité maximale de votre futur prêt immobilier, vous allez pouvoir en déduire votre budget. Celui-ci va dépendre de la durée du prêt (généralement, les prêts immobiliers ont une durée entre 15 et 25 ans) et du taux d'intérêt.

Si vous gagnez 2 250 euros par mois et que vous n'avez aucun prêt, pour connaître votre budget maximum possible, il vous suffira de faire une simulation de prêt immobilier sur la durée maximale possible (c'est-à-dire 25 ans) avec une mensualité de 750 euros, en appliquant le taux d'intérêt moyen du marché. C'est exactement ce que le banquier fera quand vous irez le voir.

Pour ce faire, le site web meilleurtaux.com est votre ami, vous y trouverez un baromètre des taux immobiliers, sur 15, 20 et 25 ans, et un simulateur de prêt immobilier. Pour calculer votre budget dans ce simulateur, il faudra indiquer le taux immobilier le plus élevé pour la durée choisie. Vous y verrez également un taux d'assurance, vous pouvez laisser la valeur mise par défaut (je détaillerai ce point plus loin).

Par exemple :

Au moment où j'écris ce chapitre, sur 25 ans, le site meilleurtaux.com indique :

Taux excellent : 1,25 %
Taux très bon : 1,76 %
Taux bon : 1,92 %

Dans le simulateur de prêt, en mettant un taux de 1,92 % sur 25 ans avec une mensualité de 750 euros, on obtient un montant de prêt de : 166 677,62 euros

Si vous n'avez pas d'apport, votre budget sera donc de 166 000 euros pour l'achat de votre résidence principale.

Précision importante sur les frais de notaire :

Les frais de notaire sont à la charge de l'acheteur. Traditionnellement, les banques ne prêtent pas pour les frais de notaire, il faudra donc que vous ayez de l'épargne pour les payer. Les frais de notaire, pour de l'ancien, sont d'environ 8 % du montant du bien et pour du neuf, entre 2 et 3 %.

Dans notre exemple, si vous cherchez un bien dans l'ancien (bien moins cher que le neuf), il faudra donc que votre épargne minimum soit de 8 % de 166 000 euros, soit 13 280 euros.

Nous verrons plus loin qu'il y a des moyens pour faire baisser les frais de notaire ou même pour que la banque vous les prête. Toutefois, il est préférable d'avoir cette somme de côté, vous aurez un meilleur profil pour la banque (et donc potentiellement un meilleur taux) et vous ne serez pas bloqué si vous n'arrivez pas à vous faire prêter les frais de notaire.

Maintenant que vous connaissez votre budget, vous pouvez commencer à entrer dans le vif du sujet, regarder les annonces et visiter...

3. Se méfier du coup de cœur

Quand il s'agit de sa future résidence principale, les acheteurs attendent souvent d'avoir le fameux « coup de cœur », une sorte de sentiment irrationnel qui nous fait dire que c'est ce bien qu'il nous faut. D'ailleurs, les agents immobiliers le savent et vont tout faire pour que vous vous imaginiez vivre dans le logement que vous êtes en train de visiter.

Je sais que c'est difficile, mais il faut garder la tête froide et **ne pas oublier qu'on achète un emplacement et des mètres carrés**. Un bon moyen pour revenir à la raison est de regarder le prix au mètre carré du bien que vous visitez. C'est l'indicateur essentiel pour savoir s'il est vendu au prix du marché, en dessous ou au-dessus. Le prix du marché, c'est le prix du mètre carré en vigueur dans votre secteur géographique. Votre objectif étant, bien sûr, de trouver un bien au prix du marché, ou mieux, faire une affaire en achetant en dessous.

Par exemple :

Pour un logement de 120 m² vendu 250 000 euros, le prix du m² est de 250 000 / 120 = 2083 euros

Certaines personnes ayant eu un coup de cœur (parce qu'elles ont flashé sur la salle de bain ou la cuisine américaine) vont être prêtes à payer des dizaines de milliers d'euros plus cher un bien (par rapport au prix du marché), alors que faire intervenir un professionnel pour poser du parquet, abattre une cloison ou refaire une salle de bains, ne coûtera que quelques milliers d'euros. Ne perdez jamais de vue le prix au mètre carré, ce sera un excellent moyen de prendre du recul sur un coup de cœur.

4. Comment connaître le prix du marché ?

Allez sur le site www.meilleurs-agents.com, et regardez le prix du mètre carré dans votre secteur. Les chiffres indiqués s'appuient sur les montants des transactions qu'il y a eu dans le quartier recherché.

Mais ne vous contentez surtout pas de ces chiffres ! Vous devez faire vous même votre propre étude.

Pour cela, vous pouvez aller sur des sites comme leboncoin et seloger.com, y rechercher les biens comparables au vôtre, c'est-à-dire situés au même endroit et ayant la même surface et ensuite faire la moyenne des prix.

⇨ Vous connaissez à présent le prix du marché.

N'hésitez pas, cependant, à visiter des biens plus chers que le prix du marché, car dans la grande majorité des cas, les biens ne sont pas vendus au prix affiché.

5. Les 5 choses à regarder dans un bien

Comme je vous l'ai dit, il s'agit principalement d'acheter un emplacement et des mètres carrés et il faut faire en sorte de payer le bon prix. Il y a cependant cinq points importants à vérifier lors de votre visite :

- L'état de la façade (est-elle fissurée ? De quand date le dernier ravalement ?)

- L'état de la toiture

- Le tableau électrique (est-il vieux ? Dispose-t-il d'un différentiel ?)

- La chaudière ou le ballon d'eau chaude

- L'éventuelle humidité (notamment pour les appartements en rez-de-chaussée de vieux immeubles)

Ces cinq points sont des facteurs de problèmes et de dépenses importantes. Si vous ne savez pas évaluer l'un de ces points, organisez une visite avec un professionnel. Il pourra vous en préciser l'état et le cas échéant, établir un devis de mise en conformité. Ces éléments sont très importants et pourront donner lieu à négociation avec le vendeur.

De façon générale, quand vous visitez un bien, même si ce n'est pas d'actualité, il faut penser à la revente. En effet, vous ne savez pas de quoi demain sera fait et si vous voulez ou devez revendre, autant que l'opération soit rapide et bénéfique pour vous.

6. Les points à vérifier sur l'emplacement

Vous devez connaître le quartier dans lequel vous achetez votre bien. Au-delà des commerces de proximité et des écoles, vous devez visiter le quartier à différentes heures et à différents jours de la semaine. En effet, si votre première visite s'est faite un week-end, à 14h, vous n'aurez pas entendu les nuisances sonores du garage (fermé le week-end) qui est juste à côté et vous n'aurez pas entendu les étudiants faire la fête tous les jeudis soirs.

7. Les documents à demander

- Si vous achetez en copropriété, les rapports d'Assemblée Générale des trois dernières années ainsi que les appels de charges de l'ancien propriétaire.

- Les factures d'électricité et de gaz de l'ancien propriétaire.

- Les avis de taxe d'habitation et de taxe foncière de l'ancien propriétaire

- Si des travaux, couverts par une garantie décennale, ont été faits par l'ancien propriétaire, demandez les factures pour pouvoir profiter de la garantie en cas de besoin.

Avec ces documents, vous saurez le montant de vos charges régulières, de vos impôts locaux et pour les copropriétés, des travaux à venir.

Dans le cas d'une copropriété, sachez que **tous les travaux votés par l'ancien propriétaire seront entièrement à sa charge**, même si quand vous achetez, tous les appels de fond n'ont pas encore eu lieu. C'est le notaire qui vérifiera ce point et demandera à l'ancien propriétaire de vous régler les appels de fonds à venir.

8. La Négociation

8.1. Quelle attitude avoir ?

Une technique répandue parmi de nombreux acheteurs est de pointer tous les défauts du bien auprès du vendeur pour qu'il baisse son prix. C'est une erreur, car l'immobilier, c'est avant tout affectif (souvenez-vous de votre coup de cœur). Le vendeur a sûrement vécu des moments forts dans son bien et veut en garder de beaux souvenirs, des rires d'enfants, des fêtes, des moments d'intimité. En vendant son bien, il transmet à l'acheteur ce lieu unique pour lui. Si vous lui dites que pour vous ce lieu n'est pas spécial, et pire qu'il est bourré de défauts, il n'aura pas envie de vous le vendre et consentira moins facilement à une baisse tarifaire.

Au contraire, si vous lui dites à quel point son lieu de vie vous inspire, à quel point vous aimeriez avoir vous aussi, la chance d'y vivre, mais que malheureusement, au prix affiché, la banque ne vous suivra pas, il sera plus enclin à baisser le prix. Car il transmettra son bien à « quelqu'un de bien ». Bien sûr, cela ne fonctionnera pas chaque fois, mais cela fonctionne mieux que de critiquer le bien et cela instaure un bien meilleur climat.

Lorsque j'ai vendu mon dernier appartement, pendant la visite qui a déclenché l'achat, ma femme préparait un gâteau au chocolat. Tout le studio sentait bon le gâteau qui sort du four. Mon studio était bien sûr magnifique et très bien aménagé (mon point de vue est affectif) mais l'acheteur m'a dit plus tard que l'odeur du gâteau avait influencé sa décision.

8.2. Les 2 questions à poser au vendeur

Enfin, quand vous discutez avec le vendeur (ou avec l'agent immobilier), avant de lui demander de baisser son prix (il s'y attend), il faut absolument que vous posiez ces deux questions :

1. Depuis combien de temps êtes-vous propriétaire ?

- Si le propriétaire l'est depuis moins de 10 ans, il y a fort à parier qu'il ait encore un crédit à rembourser et donc, il pourra moins baisser son prix (car il doit d'abord rembourser la banque).

- Si le propriétaire l'est depuis 30 ans, cela signifie qu'il n'y a plus de crédit en cours, le vendeur pourra plus facilement envisager de baisser son prix.

2. Pourquoi vendez-vous ?

Cela vous donnera une bonne indication de l'urgence du vendeur à vendre. Si c'est pour déménager dans du plus grand ou si c'est pour partir vivre dans sa résidence secondaire pour sa retraite, l'urgence ne sera pas la même.

L'idéal étant bien sûr de trouver un vendeur propriétaire depuis longtemps qui est pressé de vendre.

Si le bien est vendu via une agence, ne dévoilez jamais votre vrai budget à l'agent immobilier. Il sera tenté de le dire au vendeur, qui par conséquent, ne baissera pas le prix de son bien plus bas que votre budget. Il vaut mieux passer pour plus pauvre qu'on ne l'est réellement.

En revanche, posez des questions à l'agent immobilier (jusqu'où peut-on baisser ? Y-a-t-il eu des offres refusées ?...), il vous dévoilera sûrement les « secrets » du vendeur sur le prix le plus bas qu'il peut accepter. N'oubliez pas que l'agent immobilier souhaite absolument vendre (car il ne sera payé que si le bien est vendu), et qu'il ne vend pas son propre bien (donc pour lui, pas d'affectif).

9. Quelle offre faire ?

Par principe, ne faites jamais une offre au prix affiché.

Gardez en tête que vous êtes en position de force. En effet, vous avez l'argent, vous avez du temps et vous n'êtes pas obligé d'acheter le bien (il y en a beaucoup d'autres sur le marché), alors que souvent le vendeur est pressé (il peut avoir acheté un nouveau bien ou juste avoir besoin d'argent) et n'a que son bien à vendre.

Si le vendeur refuse votre offre, vous pourrez décider d'en faire une un peu plus haute ou de vous arrêter là. Si au final, vous arrivez à 1 000 euros de moins que le prix affiché, cela peut sembler dérisoire, mais n'oubliez pas que 1 000 euros, ce n'est pas rien et qu'avec cet argent, vous pourrez, par exemple, vous payer une semaine de vacances.

L'expérience m'a montré qu'aussi paradoxal que cela puisse paraître, au final, on achète son logement moins cher en passant par une agence (alors qu'il y a des frais d'agence) qu'en essayant de faire une transaction entre particuliers. En effet, pour les raisons affectives évoquées plus haut, le vendeur a tendance à surestimer la valeur de son bien et à rechigner à baisser son prix. L'agent immobilier est un bon intermédiaire entre vous et le vendeur. Il veut que la vente se fasse (souvenez-vous, il ne sera pas payé sinon), et pour ce faire, il fera tout pour faire accepter votre offre par le vendeur, notamment, en faisant valoir son professionnalisme et « l'état du marché ». L'agent immobilier sera pour vous, un précieux allié.

Quand vous finirez par tomber d'accord avec le vendeur, ce sera au tour des notaires et du banquier d'entrer en scène.

Le notaire et les aspects juridiques

1. Objectifs de ce chapitre

Dans ce chapitre, vous allez apprendre :

- Ce qu'est un notaire, quel est son travail ?

- Que vous avez tout intérêt à avoir votre propre notaire

- Ce qu'est et ce que contient un compromis de vente

- En quoi consiste le séquestre et comment le diminuer

- Ce que sont les frais de notaire et comment les diminuer

- À faire en sorte que la banque vous prête les frais de notaire

2. Qu'est ce qu'un notaire ?

Encore un sujet obscur que nous n'apprenons pas à l'école : le rôle du notaire.

Le notaire est un officier public, intervenant dans tous les domaines du droit : famille, immobilier, fiscalité, entreprises... Nommé par le ministre de la justice, il confère aux actes qu'il rédige un gage de sérieux et d'authenticité reconnu par l'État.

Il a le pouvoir d'authentifier les actes en apposant son sceau et sa signature. Ainsi, il constate officiellement la volonté exprimée par les personnes qui les signent, s'engageant personnellement sur le contenu et sur la date de l'acte. Cet acte s'impose alors avec la même force qu'une décision de justice.

Le notaire exécute ses prestations dans un cadre libéral, rémunéré par ses clients selon un tarif fixé par l'État pour les services qu'il rend.

3. Le travail du notaire pour une transaction immobilière

Le notaire doit s'assurer de la légalité de la transaction. Il va notamment faire différentes vérifications sur les titres de propriété. Cela peut sembler évident, mais il va, par exemple, vérifier que le vendeur est bien propriétaire du bien qu'il vous vend.

Il va également informer l'acheteur, de manière neutre, des risques éventuels. Il vous dira si la maison est construite dans une zone inondable ou sismique, sur d'anciennes galeries minières qui pourraient s'écrouler. Comme indiqué plus haut, il va également vérifier et comptabiliser les charges de copropriété à payer par l'acheteur et le vendeur.

Le travail du notaire se matérialise par deux documents : le compromis de vente et l'acte de vente, qui sont détaillés dans la suite de ce chapitre.

Les frais de notaire (environ 8 % du montant du bien dans l'ancien) couvrent ce travail ainsi que des taxes, et se décomposent comme suit :

- Pour 85 % : Divers taxes que le notaire reversent à différentes collectivités (commune, département, État), il s'agit des droits d'enregistrement (ou de mutation).

- Pour 15 % : Les honoraires du notaire, qui couvrent son travail et celui de ses assistants (appelés clercs de notaire), il s'agit des émoluments du notaire.

Vous devrez payer les frais de notaire le jour de la signature de l'acte définitif de vente.

4. Ayez votre propre notaire

C'est une chose que la plupart des gens ignorent. Deux notaires différents peuvent travailler sur la rédaction du compromis de vente (ou promesse de vente) et ensuite sur l'acte définitif de vente.

En effet, le vendeur et l'acheteur peuvent se faire représenter par le notaire de leur choix. Toutefois, ce sera toujours le notaire du vendeur qui aura la charge de diriger les échanges et de finaliser les documents. Le second notaire, celui de l'acheteur, conseillera spécifiquement son client lors de la rédaction de ces actes. Les notaires ont l'habitude de travailler ensemble. Chacun défendra les intérêts de son client.

Vous pourriez croire que cela engendrera des frais de notaire supplémentaires puisqu'il faudra aussi rémunérer le travail du 2ème notaire. Eh bien il n'en est rien ! Lorsqu'il y a deux notaires, les émoluments du notaire restent les mêmes et sont partagés entre eux.

Le vendeur a choisi son notaire pour officialiser la transaction, son notaire va donc faire en sorte que la vente se fasse dans les conditions souhaitées par son client. Il va le conseiller sur différents aspects du compromis. Le notaire de l'acheteur va lui aussi étudier le dossier et le projet de compromis proposé par son confrère, mais en cherchant avant tout à défendre les intérêts de son client, l'acheteur. Il pourra notamment s'assurer que toutes les conditions suspensives (ce point est détaillé plus loin) nécessaires soient ajoutées sur les incertitudes qui peuvent encore planer sur certains détails de l'opération.

Voici quelques exemples d'incertitudes ou de points qui devront être réglés par le vendeur ou son notaire pendant l'intervalle de temps (environ 3 mois) qui sépare la promesse de vente de l'acte de vente :

- Les droits de passage et de servitude sont-ils en règle ?

- Pour un appartement avec cave : la cave est-elle accessible, vide, et ferme-t-elle à clé ?

- Pour un ancien local commercial (boutique, atelier, usine) transformé en habitation : le notaire vérifiera que le vendeur a bien fait toutes les démarches auprès de la copropriété et de la mairie pour déclarer le changement de destination (c'est-à-dire le changement d'usage du local)

Pendant ce temps, en tant qu'acheteur, vous pourrez boucler votre financement en débloquant le (ou les) prêt(s) qui vous permettra(ont) de payer le vendeur le jour de la signature de l'acte de vente.

En tant qu'acheteur, vous avez donc tout intérêt à vous faire aider par un notaire, qui sécurisera vos intérêts. Votre notaire pourra ainsi faire des propositions de modification sur les actes proposés par le notaire du vendeur afin de mieux vous protéger, notamment via les conditions suspensives.

Sur certaines ventes il ne servira à rien d'avoir chacun son notaire mais il est difficile de le savoir à l'avance. C'est pourquoi, étant donné que cela ne coûte pas plus cher, je vous conseille d'avoir votre propre notaire.

5. Le compromis (ou promesse) de vente

5.1. Qu'est-ce qu'un compromis de vente ?

Le compromis de vente est le contrat qui fixe une transaction immobilière entre un acheteur et un vendeur. Ce document contient tous les éléments juridiques de la transaction avec les droits et les devoirs des deux parties.

C'est un contrat qui engage le vendeur à vendre à un prix donné (celui sur lequel l'acheteur et le vendeur sont tombés d'accord) et l'acheteur à acheter le bien à ce prix, avec un délai légal de rétractation de 10 jours pour l'acheteur.

Le compromis de vente est un contrat entre le vendeur et l'acheteur, il ne faut pas le confondre avec l'acte de vente. Après sa signature, le vendeur est toujours propriétaire du bien, mais n'a plus le droit de le vendre à quelqu'un d'autre, puisqu'il s'est engagé à vous le vendre à un prix donné. De votre côté, le compromis de vente vous permettra de finaliser le prêt immobilier auprès du banquier (ou du courtier).

Lors de la signature du compromis de vente, il vous sera demandé de verser un acompte sur le prix appelé « indemnité d'immobilisation » ou « dépôt de garantie ». Cet acompte est souvent égal à 10 % du prix de vente (son montant est toutefois négociable). Cela permet de concrétiser votre engagement d'acheter. Le versement doit être effectué à l'ordre du notaire ou de l'agent immobilier, qui déposera les sommes sur un compte spécial (appelé compte séquestre). Cette somme est réellement débitée mais n'est versée à personne (ni au notaire, ni à l'agent immobilier, ni au vendeur). Prévoyez donc votre chéquier et de l'argent sur votre compte bancaire le jour de la signature du compromis. La somme mise en séquestre sera remise au notaire le jour de la signature de l'acte de vente définitif et sera imputée sur les sommes à devoir (à savoir prix de vente + frais de notaire).

Vous l'aurez compris, **signer un compromis de vente vous engage à acheter le bien,** vous aurez 10 jours (délai de rétractation) à compter de la signature du compromis pour éventuellement changer d'avis, dans ce cas, le séquestre vous sera remboursé. Après le délai de rétractation, si vous changez d'avis et ne voulez plus acheter le bien, vous perdrez la somme mise en séquestre, qui sera versée au vendeur pour le dédommager (car pendant tout ce temps, il n'aura pas pu vendre son bien à quelqu'un d'autre).

Le compromis de vente est le premier document qui vous engage réellement dans une transaction immobilière. Certains agents immobiliers pourront vous faire croire que votre offre d'achat vous engage, mais, en réalité une offre d'achat n'a aucune valeur juridique tant qu'elle n'a pas été retranscrite dans un compromis de vente. C'est la raison pour laquelle dès que votre offre sera acceptée par le vendeur, une date pour la signature du compromis de vente sera fixée.

Le compromis de vente peut se faire entre particuliers, c'est-à-dire sous seing privé, ou devant un notaire. Pour gagner du temps, certains agents immobiliers vous proposeront de signer le compromis de vente, issu du notaire du vendeur, dans leur agence, sans la présence d'un notaire (souvenez-vous, les agents immobiliers sont pressés de vendre). Je vous conseille vivement de ne jamais signer un compromis de vente qui n'aurait pas été relu et éventuellement amendé par votre notaire. Si votre notaire n'est pas disponible rapidement pour un rendez-vous pour signature du compromis, vous pouvez toujours lui envoyer par mail le compromis proposé par le notaire du vendeur. Votre notaire le vérifiera et, le cas échéant, proposera des modifications. Vous pourrez alors sereinement signer le compromis (validé par votre notaire par mail) à l'agence sans la présence d'un notaire.

5.2. Les éléments figurant dans un compromis de vente

Les éléments indispensables à tout compromis de vente sont l'identification du vendeur et de l'acheteur, la description et l'identification du bien, son prix et la date de transaction, c'est-à-dire la date à laquelle vous signerez l'acte définitif de vente devant le notaire et où cette fois, le bien deviendra votre propriété (généralement, 3 mois après la date de signature du compromis).

Un élément très important figurant quasiment dans tous les compromis de vente est la mise en place de condition(s)s suspensive(s). Une condition suspensive vous permet de vous désengager du compromis de vente sans conséquence (le séquestre vous sera restitué) lors de la survenance d'un événement.

Les conditions suspensives vous protègent en tant qu'acheteur.

La plus courante est la **condition suspensive d'obtention de prêt**. Cela signifie que si vous n'obtenez pas votre crédit immobilier, vous n'êtes plus obligé d'acheter, et vous pouvez vous désengager sans conséquence. Vous pouvez y inclure un taux. Par exemple : « sous condition suspensive d'obtention d'un crédit immobilier sur 20 ans à un taux d'intérêt de 4 % maximum ». Si vous obtenez des crédits, mais à 4,1 %, vous pourrez alors vous désengager quand même.

C'est via les conditions suspensives que votre notaire va pouvoir vous protéger, car il fera ajouter toutes les incertitudes identifiées à la date du compromis de vente en condition suspensive. Par exemple, il fera écrire que vous vous désengagerez de la transaction si le vendeur n'est pas à même de produire les documents qui montrent bien que l'ancienne boutique qu'il vous vend est bien maintenant reconnue comme un logement par la copropriété et la mairie.

Vous pouvez proposer d'ajouter n'importe quelle requête en condition suspensive. Par exemple vous pouvez dire que vous achèterez le bien que si le ballon d'eau chaude qui fuit aura été remplacé par le vendeur avant la signature de l'acte de vente. Donc protégez-vous au maximum. Voyez ce qui est important pour vous, et votre notaire pourra le transcrire sous forme de condition suspensive.

Vous devrez quand même vérifier que le vendeur les acceptera, car n'oubliez pas que lui aussi doit signer le compromis de vente.

Enfin le compromis de vente contiendra en annexe le diagnostic technique. Il s'agit de 10 diagnostics immobiliers obligatoires :

✓ Le diagnostic loi Carrez

Le diagnostic du métrage en loi Carrez permet de déterminer avec précision la superficie d'un logement (hors balcon, terrasse, cave, garage, etc.) dont la hauteur sous plafond mesure au moins 1,80 m.

✓ Le diagnostic performance énergétique (DPE) du bâtiment

Le DPE vise à informer l'acheteur ou le locataire des dépenses énergétiques du logement et incite ainsi les propriétaires à entretenir leur logement et à réduire leur dépense énergétique.

✓ Le diagnostic amiante

Le diagnostic amiante (DTA) vise à détecter les matériaux suspects (par exemple, les faux plafonds) et à analyser des prélèvements de ces matériaux pouvant contenir de l'amiante.

✓ Le diagnostic plomb

Le plomb était autrefois très utilisé dans les peintures. Les peintures écaillées ou en poussière peuvent être ingérées et provoquer des intoxications dont les effets peuvent être très graves (Saturnisme), notamment pour les enfants et les femmes enceintes. En cas de présence de plomb, la quantité et la localisation seront précisées. Le diagnostic précisera alors les risques engendrés.

✓ Le diagnostic termites

Les termites peuvent causer des dommages très importants sur tous les logements contenant du bois. Mais il n'y a pas que les maisons en bois qui sont concernées par ce problème, les ouvrages en béton peuvent également être fragilisés. Le diagnostic permet de vous garantir qu'il n'y a pas de termites dans le logement que vous prévoyez d'acheter.

✓ Le certificat d'état des risques naturels

Ce document informe l'acheteur de tous les risques potentiels (inondation, tremblement de terre, sécheresse, avalanche, feux de forêts...) identifiés dans le secteur géographique où est situé le bien.

✓ Le diagnostic gaz

Si le logement est équipé du gaz, il s'agit d'une vérification des installations par un professionnel.

✓ Le diagnostic électrique

Il s'agit de la vérification du bon respect d'un ensemble de normes dans le domaine (par exemple, présence d'un différentiel sur le tableau électrique).

✓ Le diagnostic assainissement non collectif

Si le logement n'est pas raccordé au tout-à-l'égout, il s'agit d'un contrôle de l'installation et de son bon entretien.

✓ L'information sur les mérules

Ce champignon s'attaque à toutes sortes de bois dans les habitations: les plinthes, les escaliers, ou même la charpente. Il se propage surtout en milieu humide et confiné. Si le secteur géographique du logement a été déclaré à risque, l'acheteur sera informé.

Ces diagnostics sont bien sûr réalisés par des entreprises certifiées et vous protègent contre des vices importants.

Par ailleurs, dans le cas d'une transaction concernant un bien situé dans une copropriété, la loi ALUR de 2014 renforce l'information de l'acheteur, avec l'obligation de porter les documents suivants en annexes du compromis de vente :

- le règlement de copropriété,
- l'état descriptif de division,
- le carnet d'entretien de l'immeuble,
- l'attestation de superficie de la partie privative et de la surface habitable,
- le montant des charges courantes et des charges hors budget prévisionnel supportées par le vendeur au cours des deux derniers exercices,
- si la copropriété dispose d'un fonds de travaux : la part relative au lot principal vendu et la dernière cotisation versée par le vendeur au titre de son lot,
- les sommes que le vendeur doit au syndicat, et celles qui seront dues par l'acquéreur,
- l'état des impayés de charges, et de la dette envers les fournisseurs.

Tant que tous ces documents (sauf le carnet d'entretien de l'immeuble) n'ont pas été communiqués à l'acheteur, le délai de rétractation dont il bénéficie ne court pas.

6. Séquestre

Personne ne vous le dira, mais le séquestre (ou dépôt de garantie) n'est pas obligatoire. Il peut ne pas y en avoir et, s'il y en a un, son montant est totalement libre : 10 %, 5 %, 1 %...

Traditionnellement, il est de 10 %, mais il est maintenant de plus en plus convenu de le baisser à 5 %.

Qu'il y ait un séquestre ou non, si vous vous retirez, après le délai de rétractation sans que ce soit la conséquence d'un condition suspensive, vous devrez, de tout façon, indemniser le vendeur, à hauteur de 10 % de prix du bien. N'hésitez pas à le rappeler au vendeur s'il n'est pas rassuré par l'absence de séquestre.

7. Frais de notaire

Nous l'avons vu, les frais de notaire sont d'environ 8 % du montant du bien (pour de l'ancien), et, en tant qu'acheteur, c'est à vous de les payer. Par ailleurs, les banques sont très réticentes à vous prêter cette somme. Il y a cependant des astuces pour les diminuer et même se les faire prêter par la banque, sans qu'elle s'en rende compte.

7.1. Comment faire baisser les frais de notaire

Astuce 1 : Exclure les frais d'agence

Si vous passez par une agence immobilière lors de votre achat, **les frais d'agence peuvent être déduits des frais de notaire**, à condition que ce soit vous qui les payez séparément. Les frais de notaire seront alors calculés sur la somme nette vendeur et non pas sur le coût global de la transaction. Cela ne change absolument rien pour le vendeur ou l'agence mais peut vous faire économiser une petite somme.

Prenons l'exemple d'un bien acheté à 250 000 € auquel il faut ajouter 15 000 euros de frais d'agence et 8 % de frais de notaire. Le montant des frais de notaire sera d'environ 20 000 € avec les frais d'agence inclus et 18 800 € avec ces mêmes frais payées séparément, soit 1 200 euros d'économies !

Astuce 2 : Séparer l'achat immobilier de l'achat de mobilier

Dans l'ancien, voire parfois dans le neuf, les logements vendus contiennent souvent des équipements intérieurs. Or, **les frais de notaire ne sont imputables que sur l'achat d'un bien immobilier**.

Il faut donc déduire du prix de vente l'ensemble des équipements vendus avec le bien : cuisine équipée, électroménager, meubles laissés sur place... L'estimation doit être faite sur la base des factures et de la date d'achat ou de rénovation, avec un coefficient de vétusté le cas échéant.

Pour cela, il est indispensable d'indiquer sur le compromis de vente le montant d'achat du bien et le montant d'achat des équipements séparément. Seul le prix d'achat de la maison sera pris en compte par le notaire. Il n'appliquera pas de frais sur le mobilier mais uniquement sur la valeur du bien immobilier.

Pour le vendeur, cela ne change rien, vous lui paierez la même somme pour lui acheter son bien, mais pour vous, sachant qu'une cuisine et une salle de bain équipées peuvent facilement se chiffrer à plusieurs milliers d'euros, c'est une belle économie !

Astuce 3 : Négocier les émoluments du notaire

Depuis la loi Macron de 2016, pour les transactions supérieures à 150 000 euros, le notaire peut vous octroyer une remise de 10 % sur ses émoluments (donc sur une petite partie des frais de notaire).

N'hésitez pas à le rappeler au notaire, d'autant plus si votre transaction est gérée par un seul notaire, il n'aura pas à partager les émoluments avec un confrère, il peut donc bien vous accorder une petite remise.

7.2. Comment se faire prêter les frais de notaire par la banque ?

Les frais de notaire sont à la charge de l'acheteur, mais ce n'est pas du tout une obligation légale.

Avec l'accord du vendeur, vous pouvez donc demander à faire un « acte en mains ». Dans ce cas, c'est le vendeur qui paiera les frais de notaire.

Comme les banques refusent systématiquement de financer ces frais, l'intérêt de ce type d'acte est de vous éviter de puiser dans votre épargne pour payer les frais de notaire.

Vous allez me dire : « Le vendeur n'acceptera jamais, pourquoi paierait-il les frais de notaire à ma place ? »

Et bien, pour le vendeur, cela ne changera rien, il gagnera la même somme à la fin, mais il faudra réussir à bien lui expliquer.

Voici un exemple pour bien comprendre :

Vous souhaitez acheter un appartement à 250 000 euros. Les frais de notaire seront donc d'environ 20 000 euros. Les banques n'aimant pas prêter pour les frais de notaire, votre banque vous prêtera donc 250 000 euros.

Mais si de votre côté, vous ne souhaitez pas ou ne pouvez pas payer 20 000 euros comptant, proposez au vendeur d'acheter son bien pour 270 000 euros « acte en mains ».

La banque vous prêtera alors 270 000 euros, car elle considérera que c'est le prix du bien, et que les frais de notaire sont à la charge du vendeur. Et pour le vendeur, ça ne change rien : il versera 20 000 euros au notaire et aura 250 000 euros.

Certains agents immobiliers ne connaissent pas ce genre de système. Si quand vous proposez ce dispositif à un agent immobilier, il vous regarde avec des yeux ronds, ne vous évertuez pas à lui expliquer, dites-lui d'appeler votre notaire pour qu'il lui explique.

La promesse de vente signée, il est maintenant temps de finaliser le financement

Comment bien ficeler son financement et faire des économies

1. Objectifs de ce chapitre

Dans ce chapitre, vous allez apprendre :

- Les caractéristiques d'un prêt immobilier
- Ce qu'est une garantie et laquelle choisir
- La différence entre un banquier et un courtier
- Pourquoi vous avez intérêt à passer par un courtier

2. Rappels sur le crédit immobilier

Un crédit immobilier est caractérisé par :

- ✓ Un taux d'intérêt

Plus le crédit est long, plus le taux est élevé. Par exemple que sur 20 ans, pour un crédit de 200 000 euros, passer de 3 % à 2,8 % correspond à une économie de 4 800 euros. L'objectif est d'avoir le taux le plus bas, mais il ne faut pas se focaliser sur ce taux, il y a d'autres éléments qui prennent une part importante dans le coût du crédit, notamment l'assurance (voir plus loin).

> **Précisions sur le taux d'intérêt**
>
> Il existe des taux révisables et des taux fixes :
>
> - Un taux révisable peut évoluer pendant la durée du crédit. La mensualité ou la durée du crédit pourra alors augmenter ou diminuer.
>
> - Un taux fixe, par définition, ne chargera pas pendant la durée du crédit, la mensualité et la durée sont connues d'avance et ne changeront pas.
>
> Les taux étant très bas, je vous conseille d'emprunter exclusivement à taux fixe. Vous n'aurez pas de mauvaises surprises.

✓ Les frais de dossier

Ces frais sont les frais pris par la banque pour la constitution du dossier et le temps de l'étude. Ils peuvent être fixes ou proportionnels par rapport au montant du prêt. Ils sont généralement de quelques centaines d'euros. Vous devez, bien sûr, demander leur réduction ou leur suppression.

✓ Les Indemnités de Remboursement Anticipé (ou IRA)

Le remboursement anticipé correspond au règlement du capital restant dû, avant le terme initialement prévu du crédit. Cela peut arriver si vous avez une rentrée d'argent imprévue (héritage, prime exceptionnelle...), si vous revendez votre bien avant la fin du crédit, si vous faites racheter votre crédit par une autre banque (ce qu'il faut faire quand les taux baissent, cela peut vous faire économiser de grosses sommes). Pour compenser son manque à gagner par rapport aux intérêts qui ne lui seront pas versés, la banque a prévu le paiement d'une indemnité, ou pénalité, de remboursement anticipé. L'IRA est classiquement de 3 % du capital restant dû, mais peut bien se négocier à 1,5 %. Vous pouvez même négocier l'absence d'IRA lorsque le remboursement anticipé est fait avec vos deniers (épargne ou fruit de la revente de votre bien), en revanche, aucune banque ne vous accordera l'absence d'IRA pour un rachat de prêt, et dans ce cas, **une IRA à 1,5 % est un bon compromis.**

✓ L'Assurance du crédit

Ce point est très important. Quand la banque vous accorde un prêt, elle vous oblige à prendre une assurance décès/invalidité. Ainsi, en cas de décès ou d'invalidité, le crédit sera remboursé à la banque, par l'assurance. Le montant de cette assurance n'est pas très élevé (quelques dizaines d'euros par mois) et souvent le banquier présente ce point comme une simple formalité. Toutefois, **légalement, vous êtes libre de souscrire cette assurance auprès de n'importe quelle compagnie d'assurance,** pas nécessairement, la compagnie d'assurance de la banque.

Si vous décidez de souscrire auprès d'une autre compagnie d'assurance que celle proposée par la banque (on parle de délégation d'assurance), vous pourrez la payer jusqu'à 10 fois moins cher.

Cela représente des sommes non négligeables !

Par exemple, passer de 50 à 5 euros par mois pour l'assurance, sur un crédit de 25 ans, cela fait 13 500 euros d'économies sur le coût du crédit. Vous aurez largement rentabilisé ce livre !

Bien entendu, les banquiers ne vous proposeront jamais une délégation d'assurance et si vous leur demandez, ils vous répondront qu'ils ne l'acceptent pas. En revanche, en passant par un courtier, la délégation d'assurance est beaucoup plus facile à obtenir (je détaille ce point plus loin).

Depuis la loi Hamon de 2014, il est maintenant possible de **changer son assurance de prêt immobilier pendant la première année du prêt, sans frais.** Cela peut être un bon moyen pour faire de la délégation d'assurance une fois le prêt signé (alors qu'elle vous l'avait refusé lors de la négociation du prêt), la banque ne pourra pas vous en empêcher, et ne pourra pas vous facturer de frais liés à la résiliation du contrat d'assurance. Vous pourrez par exemple utiliser l'assurance April (c'est celle que j'ai utilisée sur mon dernier prêt) qui est très bien et pas chère.

✓ La date de début du remboursement

Vous pouvez tout à fait ne commencer à rembourser que deux mois après la signature. Cela peut être intéressant si il y a des travaux à faire les premiers mois et que pendant ce temps, vous devez habiter dans votre ancien logement. Pendant la durée des travaux, cela vous évitera de devoir payer, à la fois, le loyer de votre ancien logement et la mensualité de votre nouvelle résidence.

3. La Garantie

La banque exigera toujours une garantie en cas de non remboursement du prêt. Concrètement, en cas de problèmes, ce dispositif juridique permet à la banque de faire vendre le bien financé pour récupérer l'argent qu'elle vous a prêté.

Il existe deux types de garanties.

3.1. L'hypothèque

Cette garantie traditionnelle est très répandue. Si l'emprunteur n'honore pas ses remboursements, elle donne droit à la banque de faire saisir le logement et de le vendre aux enchères afin de récupérer le montant des sommes dues. Elle doit être inscrite à la conservation des hypothèques par un notaire.

Cependant, si vous revendez votre bien avant le terme du crédit (cas d'un remboursement anticipé total), vous devrez vous acquitter des frais dits de « mainlevée d'hypothèque ». Cet acte notarié consiste à radier l'inscription d'hypothèque en cours et atteste que vous avez bien remboursé le crédit. Les frais de mainlevée sont calculés sur le montant initial du prêt.

Il y a une variante de l'hypothèque qui s'appelle : Privilège de prêteur de deniers (PPD), la différence entre une hypothèque et un

PPD est qu'un PPD ne peut s'appliquer que sur un bien immobilier, alors qu'une hypothèque peut s'appliquer pour financer d'autres opérations, comme par exemple, des travaux.

3.2. Le cautionnement

Le principe est que vous payez une société pour qu'elle se porte garante pour vous.

Les banques acceptent, sans problème, ce type de garantie car elles n'ont pas à gérer de contentieux directement avec le client et sont certaines d'obtenir le remboursement du prêt.

Cette garantie est utilisable pour des biens neufs ou anciens et ne nécessite aucun frais de notaire ni de mainlevée. Une société connue dans le cautionnement est : Crédit Logement.

Je passe systématiquement par cette société pour le cautionnement des prêts immobiliers que je contracte. C'est le type de garantie qui me semble le meilleur.

4. Le courtier, ce professionnel qui vous veut du bien

Le courtier est un intermédiaire entre vous et les banques. Il prend votre dossier et va faire toutes les démarches bancaires à votre place. Cela vous évite de faire le tour des banques, ce qui peut être fastidieux et chronophage.

Je passe toujours par un courtier pour emprunter car ils arrivent beaucoup plus facilement à obtenir une IRA à 1,5 %, des frais de dossier nuls, une délégation d'assurance, un cautionnement par Crédit Logement et un taux d'emprunt parmi les meilleurs du moment.

Ce ne sont pas des magiciens, pour arriver à de tels résultats, voici leur méthode :

- Ce sont des spécialistes des prêts immobiliers, contrairement à votre conseiller bancaire habituel, ils passent leur journée à faire des dossiers de prêts immobiliers,

- Ils envoient parfois 30 dossiers par semaine à une banque, ils ont plus de poids que vous tout seul,

- Ils savent quelles banques proposent les taux les plus bas du moment.

La profession est composée de réseaux de courtiers (Cafpi, ACE...), de courtiers sur internet (Meilleurtaux, Empruntis...) et de courtiers indépendants.

J'ai une préférence pour les courtiers indépendants, car ayant moins de frais fixes, sont moins chers que les réseaux de courtiers ou les courtiers par Internet. Pour mon dernier achat, Cafpi me demandait plus de 2000 euros de frais de courtage, alors que le courtier indépendant m'en demandait 750 euros.

Cela peut vous effrayer de déléguer la recherche du prêt à un inconnu, mais sachez que c'est une profession réglementée depuis 2012 (avec des formations requises) et que surtout, ils ne sont payés que lorsque votre prêt est débloqué, c'est-à-dire que lorsque votre prêt est obtenu.

Si vous ne connaissez pas de courtier indépendant, vous pouvez demander à l'agent immobilier de vous en conseiller, il ne vous conseillera que de bons courtiers, car son objectif est que la transaction aboutisse (car lui aussi ne sera payé qu'à l'issue de la transaction).

Passer par un courtier vous fera gagner beaucoup de temps et vous évitera du stress. Le courtier a bien sûr un coût (qui peut être fixe ou un pourcentage du montant emprunté) mais son coût (qui peut-être intégré dans le montant emprunté) est largement rentabilisé par les économies que vous ferez sur le coût du crédit.

Cela étant dit, la confiance n'excluant pas le contrôle, appelez régulièrement votre courtier pour savoir où il en est, et anticipez avec lui les périodes de vacances. Il faudra, en effet, que votre financement soit prêt pour la signature de l'acte définitif de vente.

La signature de l'acte de vente définitif

Vous avez eu votre crédit, la banque va envoyer les fonds au notaire.

Vous avez fixé avec ce dernier et le vendeur une date de signature.

Quelques jours avant cette signature, demandez au notaire qu'il vous envoie l'acte final pour que vous puissiez le lire calmement. Cette relecture est très importante car si le jour de la signature, vous découvrez des choses sur l'acte qui vous ne plaisent pas ou que vous ne comprenez pas, vous ne pourrez pas prendre le temps de vous renseigner et de réfléchir.

Le jour de la signature, prévoyez une dernière visite avant d'aller signer. En effet, la dernière fois que vous avez visité votre futur bien, c'était il y a environ trois mois. Beaucoup de choses ont pu changer pendant cette période. Mieux vaut les voir avant de signer. Vous pourrez également vérifier que le mobilier qui devait rester a bien été laissé (la cuisine équipée, les lustres...) et que la cave a bien été vidée.

Dans son bureau, le notaire lira l'acte à toute vitesse (car il le fait tous les jours). N'oubliez pas que vous êtes client, donc n'hésitez pas à l'interrompre si besoin, et à demander des explications.

De plus, ne prévoyez jamais rien après la signature. En effet, les signatures durent souvent beaucoup plus longtemps que prévu.

Astuce si les fonds de la banque ne sont pas arrivés au notaire le jour de la signature :

Cela m'est arrivé lors de mon dernier achat, le virement de la banque était parti, mais pas encore arrivé chez le notaire. Au lieu de re-plannifier une date de signature (vous et le vendeur avez posé une journée de congé et le notaire a un agenda bien rempli), le vendeur et moi avons tous deux donné un pouvoir au notaire pour qu'il puisse signer l'acte en nos noms. Quand les fonds sont arrivés (le jour même en fin de journée), il a pu signer les actes alors que nous étions partis.

Conclusion

Je tiens à vous remercier de m'avoir fait confiance en achetant ce livre et en ayant pris le temps de le découvrir. J'espère qu'il vous aura aidé à bien comprendre les différentes étapes d'un achat immobilier et vous aura permis de faire une belle acquisition.

J'ai voulu ce livre comme un guide complet de l'achat immobilier dans lequel vous pourrez vous replonger en cas de besoin. Donc n'hésitez pas à le relire et à l'annoter. Si vous avez de la famille, des amis ou des collègues qui cherchent à acheter leur logement, n'hésitez pas à leur parler de ce livre.

Enfin, si vous l'avez apprécié, je vous serais très reconnaissant de prendre deux minutes pour laisser un commentaire et une note sur Amazon. Les commentaires aident les autres lecteurs à trouver les bons livres, et pour moi, ce sera toujours un plaisir de voir que le mien aura été utile.

A bientôt pour un prochain livre…

Thomas
tperson@gmx.fr

Remerciements

Je souhaite remercier chaleureusement Sylvain, Hena, et Chase qui m'ont inspiré l'idée de ce livre.

Je tiens également à remercier particulièrement Cyrielle qui m'a soutenu et qui a créé la couverture.

Et enfin, un remerciement spécial pour Claudine qui m'a soutenu et a patiemment relu le livre pour en vérifier la lisibilité, l'orthographe et la grammaire.

www.ingramcontent.com/pod-product-compliance
Lightning Source LLC
Chambersburg PA
CBHW020706190526
45164CB00005B/686